NOVO MÉTODO PARA Piano

(Ampliado)

Teórico, Prático e Recreativo

Para desenvolver gradualmente e de maneira atraente a inteligência musical dos jovens principiantes, formando-os na leitura refletida, no estilo e no mecanismo e iniciando-os ao mesmo tempo nos elementos da harmonia

dividido em 5 partes de 30 lições cada uma

por

A. SCHMOLL

Oficial da Instrução Pública

Obra aprovada por muitos professores célebres, adotada no Conservatório Nacional de Música de Tolosa (filial do Conservatório de Paris), Lisboa, no Conservatório Dramático e Musical de São Paulo (Brasil), no de Istambul (Turquia) e nos principais Colégios da França e da Bélgica. Premiada na Exposição Escolar de Bilbao (Espanha).

Revisão do Prof. Yves Rudner Schmidt

Primeira Parte

Este volume foi ampliado com as seguintes peças de A. Schmoll:

Primeira Série Op. 50:	No.4 "Ema" - Valsa
No.1 "Rosa" - Mazurca	No.5 "O Carteirozinho" -
No.2 "Matilde" - Schottisch	Peça Recreativa Op. 61:
No.3 "Branca" - Polca	"Primeira Sonatina"

C-51-W

Casa Wagner Editora

Irmãos Vitale Editores - Brasil
DISTRIBUIDOR EXCLUSIVO

© COPYRYGHT 1996 By Casa Wagner Editora Ltda. - São Paulo - SP - Brasil.
Todos os direitos autorais reservados para todos os países. All rights reserved.

PREFÁCIO

O ensino do Piano, tal como em geral é praticado, trata quase exclusivamente dos princípios da notação musical e da agilidade dos dedos. Para chegar, porém, a esse fim, serve-se de meios tão áridos, que fazem desesperar e desencorajar quase todos os alunos.

No meu modo de ver, dever-se-ia propor um plano, *mais elevado*, e que se deveria procurar alcançar com meios *mais simples*.

Tive múltiplas ocasiões de encontrar-me em presença de alunos que, sabendo executar muito bem uma ou mais peças que haviam aprendido, eram no entanto, absolutamente incapazes de tocar *à primeira vista* peças mais fáceis.

Entretanto tais alunos haviam estudado durante vários anos solfejo e piano. E então, onde encontrar a causa desta surpreendente inabilidade, e não na maneira pouco lógica e rotineira na qual haviam eles sido dirigidos nos seus primeiros estudos?

Outras crianças, (no dizer dos pais) demonstravam a princípio muita afeição pela música, porém, após alguns meses de estudo, tinham-lhe aversão. E então, quem sabe se houvessem elas feito rápidos progressos, tornando-se talvez bons músicos, se, ao contrário de aborrecer-se com exercícios monótonos e cansativos, tivessem sido animadas a estudar trechos melódicos e agradáveis? Nada mais rebelde que uma inteligência fatigada; porém, também, nada mais dócil que um aluno ao qual se soube inspirar interesse por seu estudo. Afastemos pois do ensino tudo aquilo que é seco e árido; deixemos às inteligências jovens a liberdade de movimento, tão necessária ao seu progresso e desenvolvimento! Qualquer que seja o modo de manifestação da afeição no início, evitar o contrariá-la e esmagá-la; a grande habilidade do mestre está justamente em *cultivá-la insensivelmente*, parecendo ceder, e mesmo cedendo, para melhor conduzí-la.

Entre os erros mais difundidos, citarei o seguinte: *Nunca é muito prematuro começar a ensinar música clássica às crianças.*

Eis um grave erro. O estilo clássico é, no meu modo de ver a, mais nobre expressão da arte musical. Como se pode, pois admitir que a inteligência, apenas formada, de uma criança, possa seguir o gênio nas suas regiões elevadas? O mais elementar de todos os princípios pedagógicos, exige o *desenvolvimento gradual* das faculdades intelectuais e artísticas. As crianças não gostam senão de algumas organizações escolhidas e não compreendem senão pequenas melodias dirigidas diretamente ao seu gosto apenas desabrochado. Esse gosto, dirigido e cultivado com prudência, tomará pouco a pouco uma direção mais elevada e acabará por não encontrar satisfação senão na formula de um estilo mais sério. Fazer tocar aos principiantes música clássica é, em si tão absurdo, como o alimentar recém-nascidos com alimentos fortes e substanciosos.

O dever de todo o professor de música é formar, não músicos autômatas que possam tocar um repertório qualquer, mas sim *verdadeiros músicos* que saibam *ler e tocar tudo* sem ajuda de ninguém. Eis pois os meios mais seguros para alcançar tal fim:

1º) Dar ao ensino a maior atração possível: fazer tocar em grande parte, pequenos estudos rigorosamente graduados, onde a melodia se esconde sob uma forma atraente e graciosa. Assim cada um desses estudos, ensinando uma minúcia qualquer da notação ou um princípio técnico, deve prender e *interessar o aluno*. O aluno terá amor ao estudo se este lhe é apresentado numa forma francamente *melódica*, e mostrar-se-á interessado se o mesmo é tal qual um alimento para sua *imaginação*, isto é, se trata-se de um objeto, um sentimento ou uma situação que forma parte da vida infantil. Desde que a imagem é assim feita, seja com cores ou com sons, é sempre uma poderosa atração para uma criança. Sob esse ponto de vista, não é inútil dar-se sempre um título a cada trecho; sei por experiência que esse é um método excelente para exercitar o interesse do aluno.

2º) Dar à exposição da matéria a maior clareza possível; dividir o ensino em certo número de lições, nas quais cada porção ocupa seu lugar marcado de antemão. Por esse meio vê o aluno claramente em seus estudos; as coisas ensinadas que lhe foram apresentadas clara e nitidamente, se lhe imprimem solidamente na memória. E ainda mais pode constantemente dar-se conta do caminho percorrido e daquele que lhe resta percorrer.

3º) Seguir um método essencialmente *sintético*; isto é, reconstruir pouco a pouco o sistema musical inteiro, depois de haver explicado e posto em prática todo pormenor separadamente. Evitar a fadiga e a sobrecarga da memória do aluno pela apresentação simultânea de matérias diversas. Nada de quadros sistemáticos ou sinóticos, representando *todas* as notas, *todos* os valores, *todas* as pausas, *todos* os sinais, etc. de uma vez. Desde que o aluno não deve tocar senão semínimas, fuzas e semifuzas. Há pois necessidade de um grande número de peças e do pequeno desenvolvimento das mesmas. O ensino baseado nesses princípios é eminentemente *claro e fácil*, guia incessantemente o aluno sobre um terreno já preparado, oferece a potente atração da variedade e forma invariavelmente *bons leitores*, posto que não é precisamente estudando penosamente trechos relativamente muito difíceis que se chega ser bom leitor, mais sim tocando um grande número de peça *bem graduadas* e *facilmente compreendidas*. Necessita-se pois, não somente evitar longos desenvolvimentos teóricos que se encontram à simples vista sobre as páginas de certos métodos, mas também afastar as intermináveis séries de escalas e de exercícios que o aluno somente aborda com repulsão instintiva e que somente o conduzem ao desencorajamento.

4º) A exposição do sistema musical com sua máquina externa não basta para formar bons músicos e hábeis leitores; necessário se torna que o aluno seja iniciado ao mesmo tempo nos *princípios da harmonia*, que longe de atormentá-lo nos estudos práticos, dar-lhe-ão a conhecer as bases e a origem e permitir-lhe-ão de progredir mais rapidamente. Sempre me admirei que mesmo entre os métodos mais conhecidos, nenhum apresentava a mínima noção sobre conhecimento teóricos. Pergunte-se a um aluno o que é um intervalo maior ou menor, a nota dominante, o acorde perfeito, a inversão de um acorde, a tonalidade, o modo; em geral não saberá responder. E entretanto, como facilitaria a leitura musical o conhecimento desses elementos! Em verdade, é pena ver-se um aluno que com três anos de estudo, balbucia nota por nota um acorde que encontra cem vezes ao dia, e do qual, porém, ignora o nome a origem, o caráter e a finalidade. Sei perfeitamente que a harmonia *no total* é uma ciência muito complicada e muito abstrata para ser compreendida pela maioria dos alunos; sei também que não se pode chegar a ser hábil PIANISTA sem um ótimo conhecimento da Teoria. Não pretendo que um método para piano ou acordes seja ao mesmo tempo um curso completo de harmonia. Em toda obra, as complicações se sucederiám e se multiplicariam rapidamente; formariam logo um intrincado labirinto de teorias que tornariam o ensino tão difícil, como estéril. Porém, julgo absolutamente indispensável que, ainda que não de todo, se deva ao menos desenvolver a teoria da escala, da tonalidade e do modo; as cadências e as modulações mais usadas; em uma palavra, todos os princípios elementares que estão ao alcance de todas as inteligências, que se referem estritamente à técnica, e que por isso mesmo não podem de modo algum prejudicar a clareza do ensino. Se o aluno quiser estudar *harmonia* de um modo mais profundo, o professor encontrará o *terreno preparado* e não terá necessidade de entreter-se com princípios rudimentares que há muito são familiares ao aluno.

O plano que tracei ao compor esse novo Método, tem por objetivo principal um ensino *simplificado, fácil e atraente*, formando não somente o *estilo e o mecanismo*, mas dando também aos alunos aquela *independência de agir*, sem a qual não se poderá chegar a ser um *bom leitor* e nem um *bom músico*. Ao executar esse plano induz-me como dever o levar em conta as observações que publiquei precedentemente. Quero esperar que meus numerosos amigos acolham meu NOVO MÉTODO PARA PIANO com a benévola simpatia que honraram minhas publicações anteriores.

Paris,
A. Schmoll

Dados Internacionais de Catalogação na Publicação (CIP)
(Câmara Brasileira do Livro, SP, Brasil)

Schmoll, A.
  Novo método para piano (ampliado) : teórico, prático e recreativo / por A. Schmoll. -- São Paulo : Casa Wagner.

  1. Piano - Estudo e ensino I. Título.

ISBN 85-86229-01-6
ISBN 978-85-86229-01-5

96-2673   CDD   - 786.207

Indices para catálogo sistemático:

1. Piano : Método : Estudo e ensino   786.207

PRIMEIRA PARTE
Introdução

AS NOTAS

Para representar graficamente os sons, empregamos em nosso sistema musical, certos sinais chamados NOTAS. Estas são sete e formam uma série que vai do som grave ao agudo e seus nomes são:

DÓ RÉ MI FÁ SOL LÁ SI

Em todos os sons, temos que considerar, além da entoação, sua duração e para determinar esta usamos as chamadas FIGURAS DE VALORES. Progressivamente, iremos dando a conhecer as sete FIGURAS DE NOTAS mais usuais, que expressam a duração dos sons.

O PENTAGRAMA

Sobre o qual se escrevem as notas

5ª linha
4º espaço
4ª linha
3º espaço
3ª linha
2º espaço
2ª linha
1º espaço
1ª linha

MODO DE SE DISPOR AS NOTAS NO PENTAGRAMA

| A SEMIBREVE | Nota escrita | Nota escrita |
| Primeira figura de nota | sobre uma linha | num espaço |

AS CLAVES

São sinais que, colocados no princípio do Pentagrama ou intercalados com este, servem para designar o nome das Notas, conforme a linha ou o espaço que nele ocupam.

Existem três claves, mas para o piano são usadas duas somente: a de Sol na 2ª linha e a de Fá na 4ª linha.

| A CLAVE DE SOL | A CLAVE DE FÁ | A CLAVE DE DÓ |
| (na segunda linha) | (na quarta linha) | (na 3ª linha) |

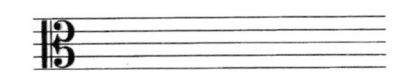

A CLAVE DE SOL

A figura (ou sinal) interior que rodeia a segunda linha do PENTAGRAMA indica que a NOTA colocada nesta linha se chama SOL. Subindo ou descendo conforme a **sucessão de notas**, descritas na continuação, encontrar-se-ão a linha e o espaço que devem ocupar as outras NOTAS, fixando assim o nome de cada uma e sua entoação.

Observação: Segundo o autor, parece um erro pedagógico obrigar o aluno a estudar ao mesmo tempo as Claves de Sol e de Fá, o que somente criaria confusão. Para tornar o ensino mais gradual e progressivo, começaremos o estudo da Clave de Fá, na lição 31ª deste Método, ou seja na segunda parte.

Notas colocadas nas Linhas do Pentagrama

Mi   Sol   Si   Ré   Fá

Notas colocadas nos Espaços do Pentagrama

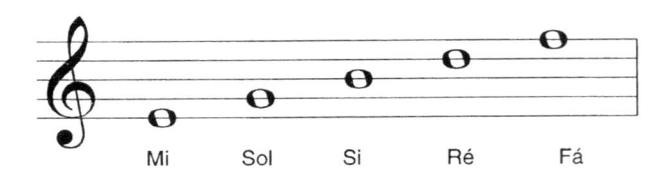

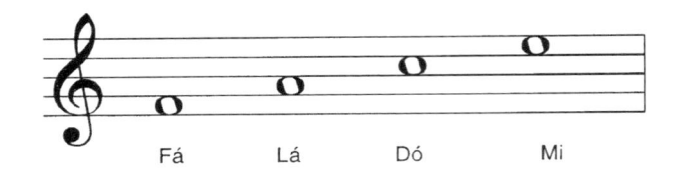

Fá   Lá   Dó   Mi

Exercite-se o aluno em pronunciar com desenvoltura e segurança cada nota destas duas séries.

LINHAS SUPLEMENTARES

Servem para dar maior extensão ao Pentagrama. Seu número é ilimitado, mas não devem ser usadas mais de quatro, tanto na parte superior, como na inferior, para não dificultar a leitura musical.

Nota colocada imediatamente depois da 5ª linha do Pentagrama

Sol

Nota colocada imediatamente abaixo da 1ª linha do Pentagrama

Ré

Nota colocada sobre a primeira linha suplementar abaixo do Pentagrama

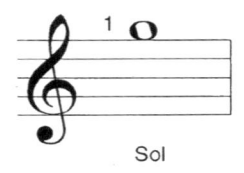

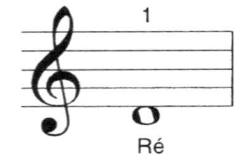

Dó

SUCESSÃO DAS 12 NOTAS JÁ CONHECIDAS

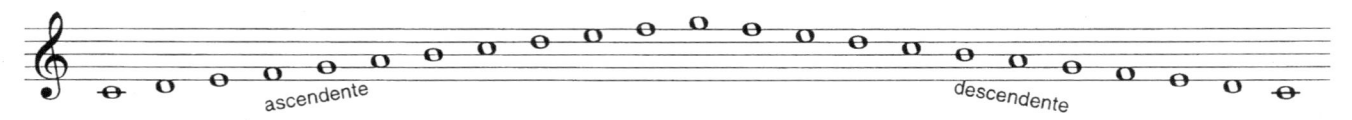

ascendente   descendente

Exercite-se o aluno a pronunciar (ou entoar) com rapidez cada nota desta sucessão.

EXERCÍCIO DE LEITURA

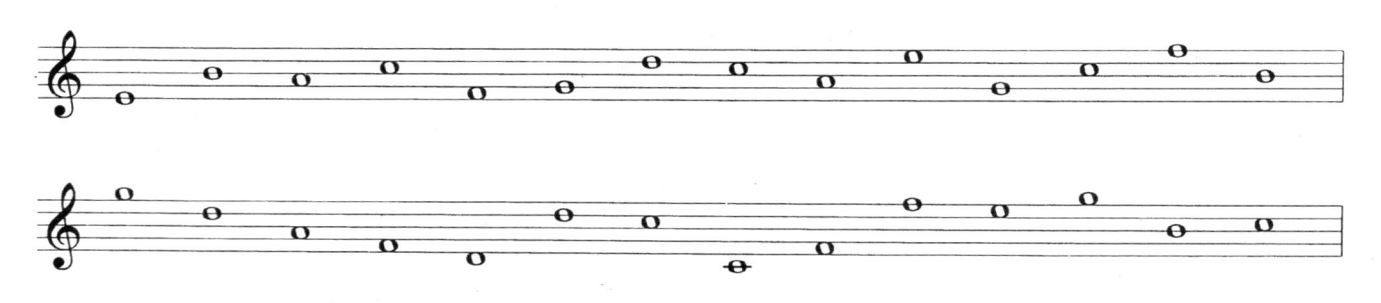

OS DEDOS

Designados por números

	MÃO ESQUERDA						MÃO DIREITA			
				(Polegar)		(Polegar)				
5º	4º	3º	2º	1º		1º	2º	3º	4º	5º
dedo (Mínimo)	dedo	dedo	dedo	dedo		dedo	dedo	dedo	dedo	dedo (Mínimo)

O TECLADO

No teclado se encontram Teclas Brancas e Pretas. Estas últimas as estudaremos a partir da Lição 20ª.

AS TECLAS BRANCAS

A tecla branca que se acha logo a esquerda de um grupo de duas teclas pretas, quase no centro do teclado, representa o DÓ^1, a mais baixa das notas aprendidas até agora; a tecla vizinha do lado direito dá RÉ^2 a seguinte o MI^3 e assim por diante. Com esta indicação, será fácil achar as teclas das 12 notas já aprendidas. O aluno perceberá logo que a cada série de 7 teclas segue-se outra série inteiramente igual. Estas séries formam as sete oitavas do piano; diz-se por exemplo, que o DÓ^4 está uma oitava mais alta que o DÓ^5 e vice-versa.

A POSIÇÃO NATURAL DA MÃO

Colocar os cinco dedos sobre as cinco teclas consecutivas das quais a mais baixa é o DÓ, conforme se explicam as Regras da página seguinte, número 3 e 4.

MÃO ESQUERDA
coloca-se uma oitava abaixo

MÃO DIREITA

REGRAS

De que deverá recorda-se o aluno todas as vezes que estiver ao piano:

1) Sentar-se bem ao centro do piano, nem muito perto, nem muito longe.

2) Os braços devem cair naturalmente e os cotovelos, um pouco separados do corpo, nunca devem ficar abaixo do nível do teclado.

3) A posição das mãos e dos dedos será a seguinte: o braço deverá cair ao longo do corpo e a mão estar relaxada. Deste modo, os dedos ficarão ligeiramente arqueados e a mão estará ôca. Assim, sem rigidez, se levarão suavemente ao teclado, entre as notas DÓ e SOL.

4) A mão não deve cair nem de um lado, nem de outro, porque é aconselhável dar uma pequena inclinação para o lado do polegar.

5) Cuidar a posição do 5º dedo, o qual nunca deverá se arquear, mas sim cair inclinado sobre sua tecla correspondente, sem dobrar nenhuma das articulações.

6) Cada dedo deve pousar sobre uma tecla, bem no centro da mesma, caindo sobre ela com uma ligeira inclinação. Não se devem dobrar as falangetas, nem para dentro, nem para fora.

7) Tocar as teclas unicamente com as pontas dos dedos. O polegar nunca deve estar fora do teclado.

8) É necessário conseguir uma execução limpa; isto é deve evitar-se esbarrar em teclas que não devem ser tocadas.

9) Observar a necessidade de alcançar perfeita simultaneidade ao tocar as notas que devem ser executadas ao mesmo tempo, seja com uma mão ou com ambas.

10) Ligar as notas que devem ser executadas "legato". Esta é uma recomendação importante, que deve ser rigorosamente observada. Mais adiante ensinaremos como deve ser praticado o "legato". (v. pág. 10),[1]

11) Dar as notas seu valor exato (ver a Lição 1ª)

OS INTERVALOS

Intervalo é a distância que existe entre dois sons diferentes. Podem ser consecutivos imediatos, como dó-ré, mi-fá, etc. ou não como dó-mi, mi-sol, sol-si, etc., seguindo a ordem natural estudada na Sucessão das 12 notas já conhecidas (ver a pág. 6).

O primeiro caso chama-se intervalo de **graus conjuntos** e o segundo intervalo de **graus disjuntos**. Os intervalos recebem sua designação numérica de 2ª, 3ª, 4ª , etc., conforme os graus que abrangem, sejam 2, 3, 4, etc., sendo incluídas as notas que formam o intervalo. Cada nota da escala é um grau. — Escala é a sucessão de 8 notas por graus imediatos subindo e descendo segundo a ordem natural dos sons. (graus (dó, ré, mi, fá, sol, lá, si, dó. v. Lições 11, 23, 46).

INTERVALOS DA POSIÇÃO NATURAL

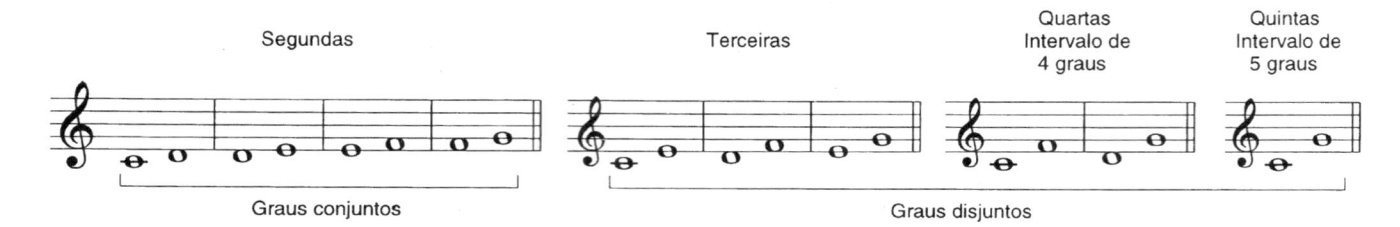

Exercite-se o aluno em distinguir os diversos intervalos, conforme se encontram no Exercício de Leitura da página anterior e também a conhecê-los no teclado

---

(1) **Nota do Editor** - O Sr. Schmoll, no prefácio de sua Obra "150 Exercícios de Dedilhado de Substituição" escreve: "... mesmo C. Czerny, um dos mais brilhantes "virtuoses" do seu tempo, autor de tantas obras hoje universalmente estimadas, pode ser criticado a este respeito" (a falta de ligação)... "Beethoven muitas vezes censurou a Czerny, seu antigo discípulo, por sua execução falha de "legato". Schindler, Biografia de Ludwig van Beethoven. Musik. Teil II. p. 236. "Por esta sua importância é que temos insistido sobre o "legato" desde as primeira páginas de nosso "Novo Método de Piano"

EXERCÍCIOS PREPARATÓRIOS

Para dar ao aluno as primeiras noções de articulação e habituá-lo a distinguir os intervalos de segunda, terceira e quarta. Nestes primeiros exercícios distinguiremos três momentos antes de ferir a nota: a preparação, o ataque propriamente dito e o relaxamento absoluto do dedo, depois de tocada a nota. Assim sendo, tais exercícios se executarão da seguinte forma:

1º - **Preparação**: Contar 1 e levantar um pouco o dedo sobre a tecla;
2º - **Ataque**: Contar 2 e, impulsionando o dedo, afundar a tecla;
3º - **Repouso**: Contar 3 e 4 e deixar o dedo completamente livre e relaxado sobre a tecla;

NOTA - Contamos 3 e 4 no repouso para dar maior descanso ao dedo, evitando, ao mesmo tempo, dividir em três uma figura que, na página 12, ao estudar o compasso Quaternário, encontraremos o valor de 4 partes.

Repetir quatro vezes desta forma (I); depois 3 vezes (II), em seguida 2 vezes (III) e, finalmente, se tocarão alternativamente as duas notas do intervalo (IV).

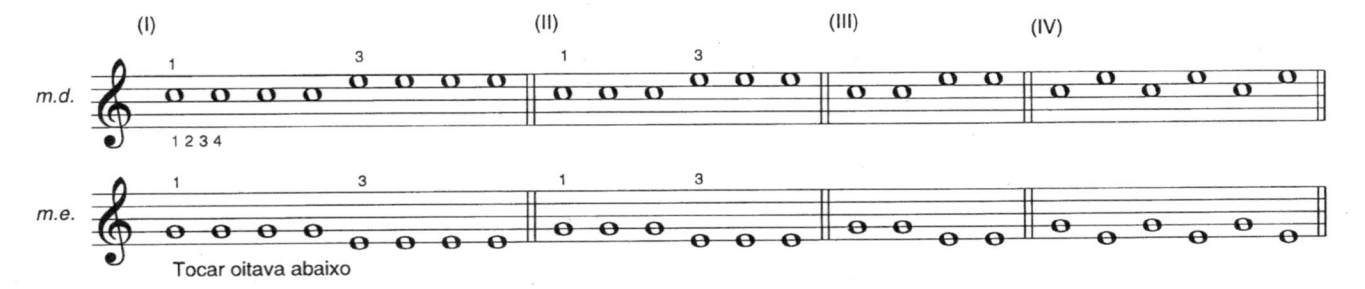

EXERCÍCIOS PARA DIVERSOS INTERVALOS DE QUARTA E DE TERCEIRA

Tocar cada um deles nas quatro formas indicadas no exercício anterior: (I), (II), (III), (IV).

O estudo deve ser **rigorosamente alternado**, entre as duas mãos, ou seja, se executará primeiro um intervalo com a mão direita, que em seguida descansará com o braço pendente, enquanto a esquerda tocará o mesmo intervalo e da mesma forma.

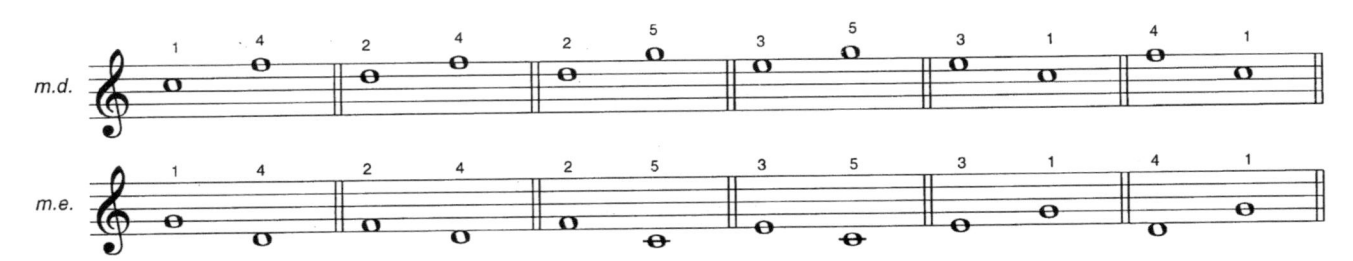

EXERCÍCIOS PARA O INTERVALO DE SEGUNDA

Da mesma forma que os anteriores

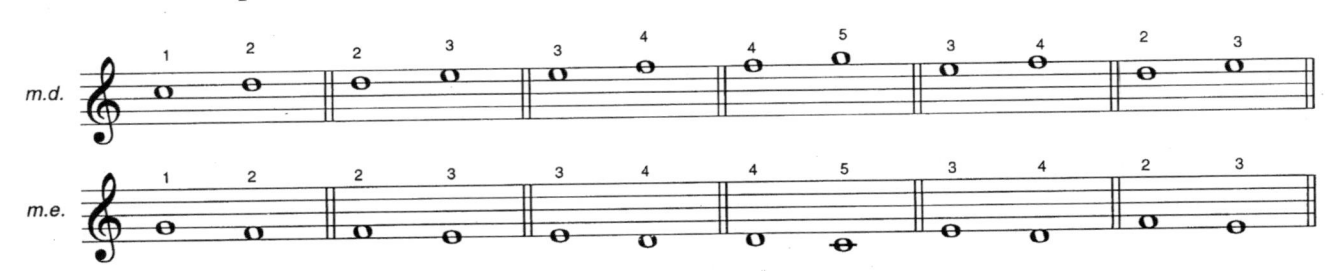

EXERCÍCIOS COM INTERVALOS DE TERCEIRA, COM OS GRAUS INTERMEDIÁRIOS

Estes exercícios se executarão tal como estão escritos, sem repetir nenhuma nota.

Observe-se que o polegar e o 5º dedo estejam sobre suas teclas correspondentes. Se estes dois estiverem corretamente colocados sobre o DÓ e o SOL, também os demais estarão sobre as teclas respectivas. As notas que se encontram entre duas pequenas linhas verticais deverão ser presas. Nos exercícios "B" uma vez se prende o polegar e a outra vez o 5º dedo, como está indicado, não se prendendo as duas notas de uma vez. Executar sempre com as mãos separadas e alternadamente; depois com ambas as mãos ao mesmo tempo.

A forma de tocar é a mesma explicada na página anterior.

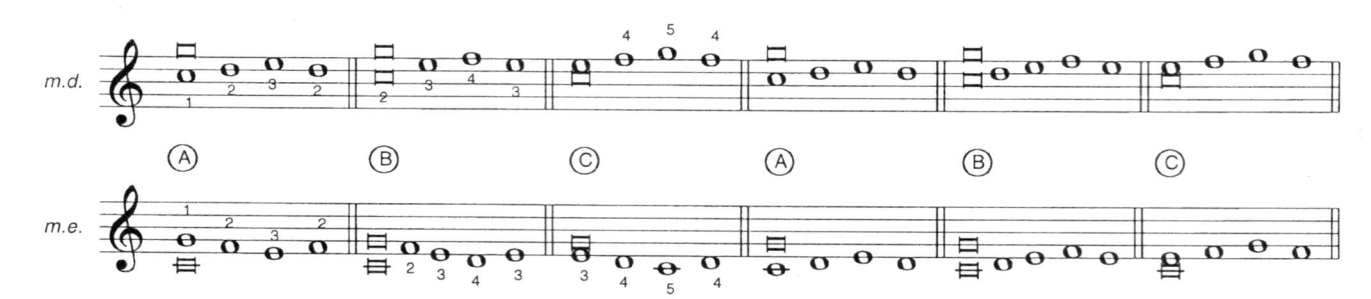

EXERCÍCIOS COM INTERVALO DE QUARTA, COM OS GRAUS INTERMEDIÁRIOS

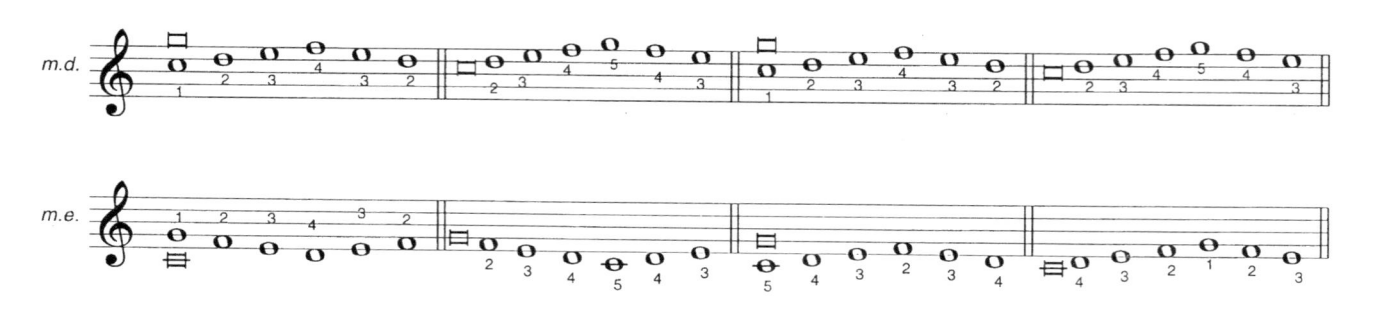

O "LEGATO" OU ARTICULAÇÃO LIGADA

Dissemos que os sons são ligados, quando não há interrupção alguma entre eles, por pequena que seja, mas sim vão unindo-se uns aos outros. Esta forma de executá-los designa-se pela palavra italiana "legato". No "legato" não se levantará o dedo da tecla até que se toque a seguinte, isto é: o aluno deverá executar dois movimentos ao mesmo tempo: deixar levantar a tecla que estava segurando, enquanto fere a outra, sem interrupção.

Para facilitar estes dois movimentos devemos, decompô-los assim:

1º) Preparar o primeiro dedo que atuará - Contar 1 levantando o dedo.

2º) Ataque do primeiro dedo que atua - contar 2 e afundar a tecla.

3º) Preparação do segundo que atuará - Contar 3 levantando o dedo.

4º) Ataque do segundo dedo e relaxação do anterior - Contar 4, afundando a tecla seguinte, e levantar o anterior, que ficará em repouso sobre seu lugar.

NOTA - Para praticar esta forma de execução "legato", podem ser estudados os exercícios da pág. anterior, mas para facilitar, os desta pág., devem ser estudados sem prender-se as notas.

EXERCÍCIOS DITADOS

O aluno colocará a mão na "posição natural", sem abaixar as teclas. Em seguida, "sem olhar para as teclas", tocará as notas ditadas pelo professor, primeiro com a mão direita, depois com a esquerda e, por fim, com ambas. Não esquecerá de ligar as notas.

Dó - ré - mi - fá - sol - fá - mi - ré - dó.

Dó - mi - sol - dó - ré - fá - mi - ré - dó.

Dó - mi - ré - fá - mi - sol - fá - ré - mi - dó.

Mi - sol - fá - ré - mi - dó - ré - sol - mi - fá - ré - sol - mi - ré - dó.

Ré - sol - dó - fá - ré - mi - dó - sol - fá - ré - mi - sol - ré - fá - mi - dó.

A LIGADURA DO FRASEADO

Esta curva ⌒, chamada **ligadura** serve para assinalar o caráter essencialmente ligado de certas passagens musicais. As vezes abrange muitos compassos. Cada grupo de notas compreendido dentro da ligadura forma uma frase. (v. lição 99)

Tocar mencionando as notas. Ligar com cuidado. Olhar para as notas, não para as teclas.

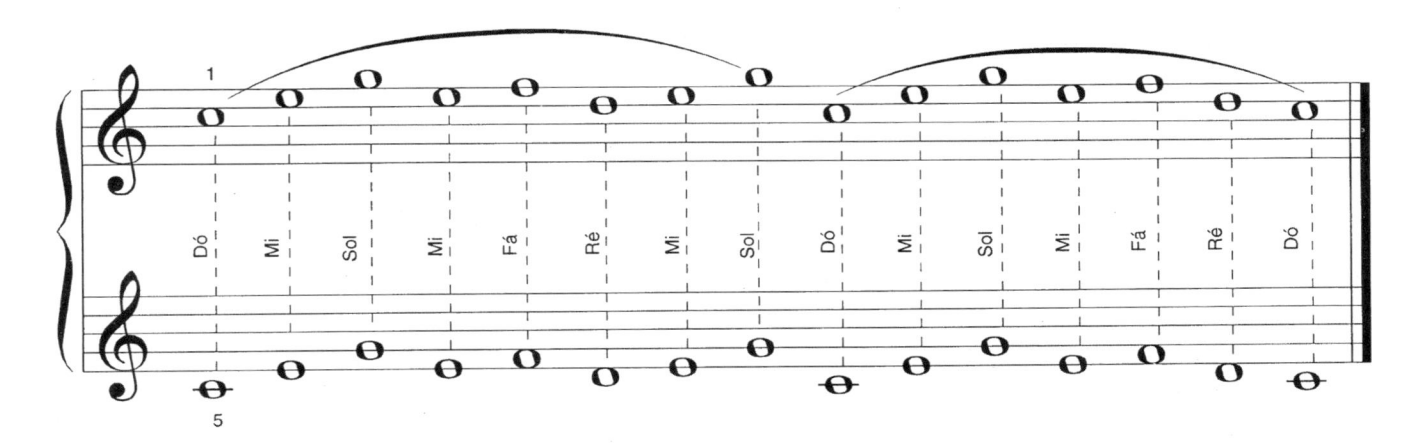

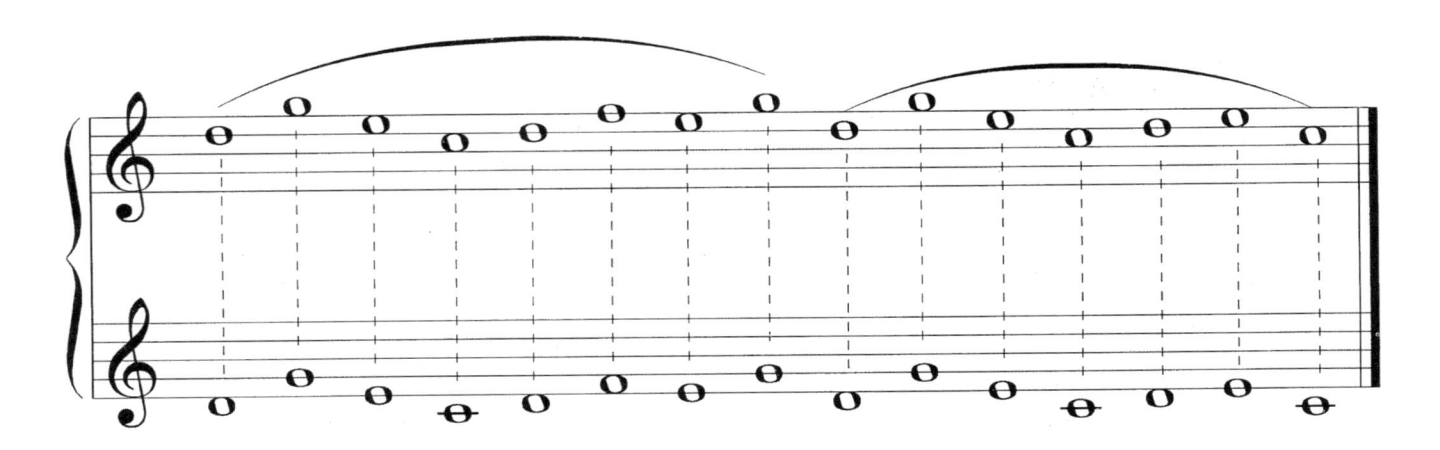

1ª LIÇÃO

O COMPASSO E OS TEMPOS

Toda composição musical é dividida em **compassos**, de igual duração e separados por linhas verticais chamadas "Barras de divisão".

Cada compasso, por sua vez, é dividido em **tempos** ou partes de igual duração. Conte-se claramente com igualdade perfeita. Ligue-se. O compasso de quatro tempos $\frac{4}{4}$ ou **C** Quartenário.

Estes dois números $\frac{4}{4}$ significam que em cada compasso desta classe se contam quatro tempos para cada semibreve.

Segunda espécie de valores: Mínima, ♩ que vale a metade da semibreve.

♩ ♩ = o   uma semibreve vale duas mínimas.

Contam-se dois tempos para cada mínima.

As duas mãos tocam notas diferentes. Ligar

2ª LIÇÃO
DITADO PREPARATÓRIO

Nomear e tocar ao mesmo tempo: dó-mi, ré-fá, mi-sol, etc.
Mínimas nas duas mãos. As notas são lidas de baixo para cima

Semibreves e mínimas Depois de haver tocado este trecho após o **ditado preparatório**, se tocará de novo **contando os tempos**.

3ª LIÇÃO

Indicaremos com o sinal ←——→ as passagens que devem estudar separadamente, antes de tocar a peça inteira.

NOTAS DUPLAS - Tocar estas notas duplas "simultaneamente" e não uma depois da outra.

4ª LIÇÃO

Terceira espécie de valores:

A Semínima ♩ vale metade da Mínima; 2 Semínimas ♩ ♩ = ♩ 4 Semínimas ♩ ♩ ♩ ♩ = o

Os compassos tem tempos fortes e tempos fracos, como em uma palavra há sílabas fortes e sílabas fracas.

Em $\frac{4}{4}$ ou C

Tempos fortes — 1 — 3
Tempos fracos — 2 — 4

NINI E BEBÉ

Semínimas alternadas nas duas mãos.
Conte-se um tempo em cada semínima.

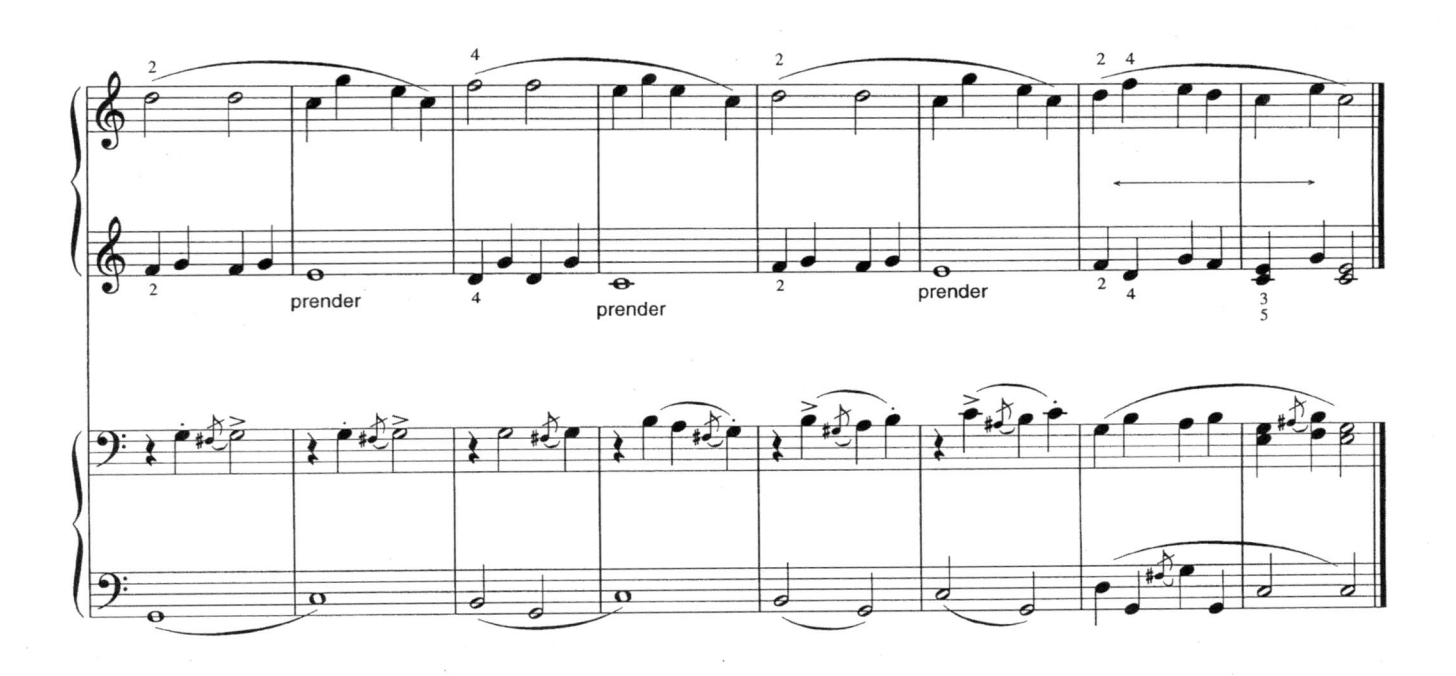

5ª LIÇÃO

O Ponto de Aumento: Aumenta a nota na metade de seu valor.

Compasso ternário $\frac{3}{4}$

Estes dois números significam que cada compasso desta classe conta de 3 semínimas em lugar das quatro que se encontram no quartenário.

Tempos Fortes 1 — —

Tempos Fracos — 2 3

Quando duas notas do mesmo nome e som estão ligadas pelo sinal ⌒ , a segunda nota "**não deve ser repetida**" e sim sustentada até completar o valor completar o valor das duas, ao que se chama **ligadura de valor**.

A PRIMEIRA VALSA

6ª LIÇÃO

NOTA NOVA — SI

INTERVALO DE SEXTA — mão direita / mão esquerda

EVOLUÇÕES DA MÃO SAINDO DE SUA POSIÇÃO NATURAL

Repetir 20 a 30 vezes cada um dos exercícios seguintes — ligar as notas

Alargamento (A)   Contração da mão (C)   Mudança dos dedos (M)

Exercícios para mão direita

Exercícios para mão esquerda

Recomendação Importante - Um dos defeitos mais graves e mais frequentes nos principiantes é abandonar, **sem razão, a posição natural da mão**. Esta posição não deve ser alterada, salvo quanto tiver que se fazer um alargamento, uma contração, mudança de dedos ou uma passagem (evolução esta que o aluno conhecerá mais tarde). Também estes artifícios de dedilhado, cujo único fim é dar à mão um ou mais graus além, **uma nova posição natural**, não devem ocasionar **movimento algum** brusco ou irriquieto. Deve pois o aluno, antes de fazer qualquer movimento com os dedos, certificar-se **se esse movimento é necessário** e evitar a inquietação febril que faz com que ele procure muito longe as notas que se acham debaixo dos dedos.

A fim de facilitar a leitura do dedilhado, teremos o cuidado de indicar as diversas evoluções da mão pelas letras A, C, M ou P, até quando esta indicação nos pareça necessária.

7ª LIÇÃO

Quarta espécie de valores: Exercícios para a mão direita.
2 colcheias para cada tempo

A COLCHEIA ♪ (vale metade da semínima)

Colcheias nos 1o. e 3o. tempos

2 COLCHEIAS

Colcheias nos 2o. e 4o. tempos

4 COLCHEIAS

Grupos de 4 colcheias

NOTAS NOVAS LÁ SOL

SÉTIMA: intervalo de sete graus — Mão esquerda

NOTAS PRESAS PARA A MÃO ESQUERDA. **Notação diferente mesmo efeito.**

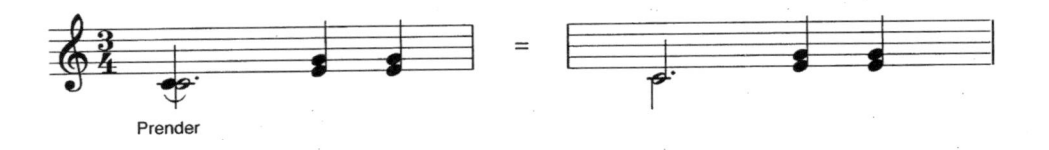

Prender

PONTOS DE REPETIÇÃO OU RITORNELO

Princípio

Toca-se 2 vezes   Toca-se 2 vezes

NOTAS TRIPLAS - (Formas de acompanhamento para a mão esquerda)

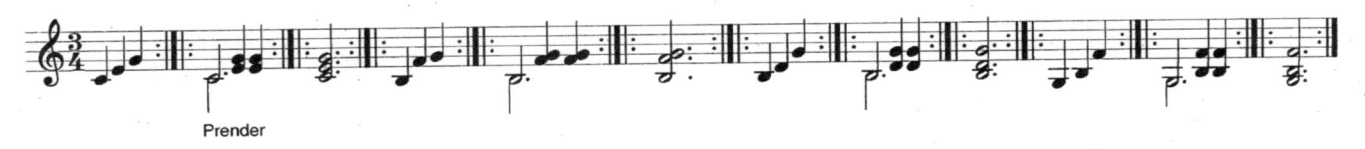

Prender

A FLORISTA
Valsa

Grupos de 4 e 6 colcheias
Conservar o polegar da mão esquerda sempre por cima do Sol, salvo nos dois últimos compassos.

(*) Obs. - Peça recreativa que pode ser tocada depois da 7ª lição: "Rosa", mazurka (nº 1 do Repertório do Jovem Pianista") de A. Schmoll, a seguir:

ROSA
Mazurca

A. SCHMOLL Op. 50

PIANO

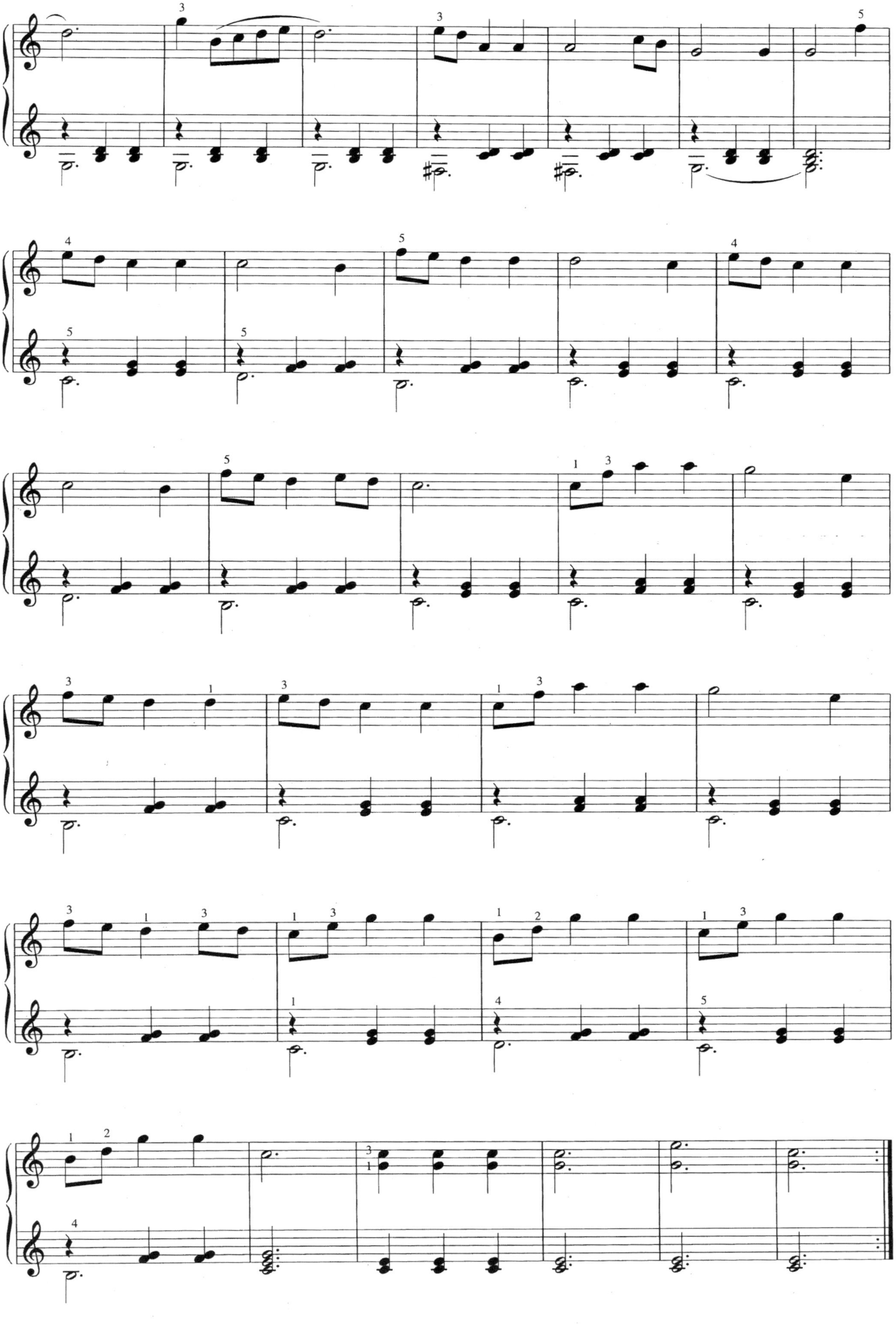

8ª LIÇÃO

Nova evolução da mão: Passagem do polegar (P). Passagem do 2º e 3º dedo.

Exercícios para a mão direita. 20 vezes cada exercício: ligar; a mão se conservará imóvel, articulando somente os dedos.

ACORDES ARPEJADOS - ACORDES SIMULTÂNEOS

Exercícios para a mão esquerda. 20 vezes cada exercício.

Mão direita. Notações diferentes que produzem o mesmo efeito.

CONFIDÊNCIA

Colcheias nas duas mãos

9ª LIÇÃO

O compasso $\frac{2}{4}$ (dois por quatro)

Tempo forte: 1 —
Tempo fraco: 2 —

Esses dois números $\frac{2}{4}$ significam que em cada compasso dessa classe se conta duas semínimas ou quatro colcheias em lugar de quatro semínimas ou oito colcheias do compasso quaternário.

NOTAS NOVAS

Lá   Si   Dó

EXERCÍCIO PARA TOCAR NOTAS DUPLAS E ACORDES NA MÃO ESQUERDA, SEM NOTAS PRESAS

Levantar o antebraço e deixar a mão cair suavemente sobre o teclado, sem dureza, somente com o peso do braço. O punho deve estar flexível e os dedos firmes mas sem rigidez nem contração alguma. Atentar para a perfeita simultaneidade dos sons. Uma vez que o aluno haja adquirido desembaraço na execução destes exercícios pode praticá-los, dobrando o número de notas, ou seja, com emprego de colcheias para os Exercícios (A) e de semínima para os (B). Então, se tocará a 1ª de cada quatro colcheias com ataque combinado de punho e antebraço, enquanto para as restantes se articulará o punho, que deverá permanecer solto e flexível, efetuando uma espécie de rebate sobre o teclado.

Realizem-se exercícios semelhantes para a mão direita.

ALEGRE PRIMAVERA

Acordes repetidos para a mão esquerda. Tocar desembaraçadamente estes acordes, com articulação do punho. Observar o jogo da mão direita, que deve ser ligado, enquanto que o da mão esquerda é destacado.

Desde já poderá o aluno começar o estudo dos exercícios que estão no fim da Primeira Parte. É bastante estudar 4 ou 5 em cada lição, repetindo-se cada um 20 ou 30 vezes seguidas e dedicando-se mais ou menos 10 minutos para esse trabalho. Além disso, recomendamos que, de vez em quando, sejam recapitulados os Exercícios Preparatórios (veja-se a Introdução) cujo fim principal é tornar independente os dedos uns dos outros e manter as mãos na posição correta.

10ª LIÇÃO

A semínima pontuada   Compasso em três por oito $\frac{3}{8}$

Esses dois números significam que em cada compasso se contam 3 colcheias em lugar das 8 do compasso quaternário, em cada tempo.

Tempo forte: 1 —
Tempos fracos: —2 3

Exercícios de mudanças de dedos para a mão direita.

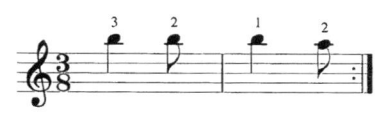

Nova passagem do polegar (salto de terceira) para a mão direita.

O SORRISO

Contar os tempos

11ª LIÇÃO

Passagem do 4º dedo
Exercícios para a mão direita

NOVAS NOTAS

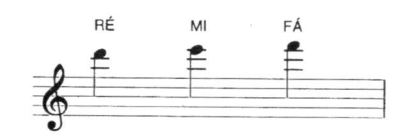

RÉ   MI   FÁ

Escala do DÓ para a mão direita

A TODO O VAPOR

Deslocamento da mão direita (D)

12ª LIÇÃO

Quinta espécie de notas

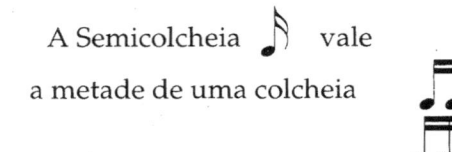

A Semicolcheia ♫ vale a metade de uma colcheia

Finais de repetição
Compasso ou compassos que se tocam a 1ª vez: |1.
Compasso ou compassos que se tocam em repetição em lugar dos indicados com 1º: |2.

O TRAVESSO

Grupos de 2 e 4 semicolcheias

13ª LIÇÃO

Exercício de passagem para a mão direita.

Passagem de Terceira

O LENÇO

Grupos de 4 e 8 semicolcheias

(*) Obs. - Trecho recreativo que se pode tocar depois da 12ª lição: Matilde, schotisch (nº 2 do "Repertório do Jovem Pianista) de A. Schmoll. - A seguir:

MATILDE
Schotisch

A. SCHMOLL

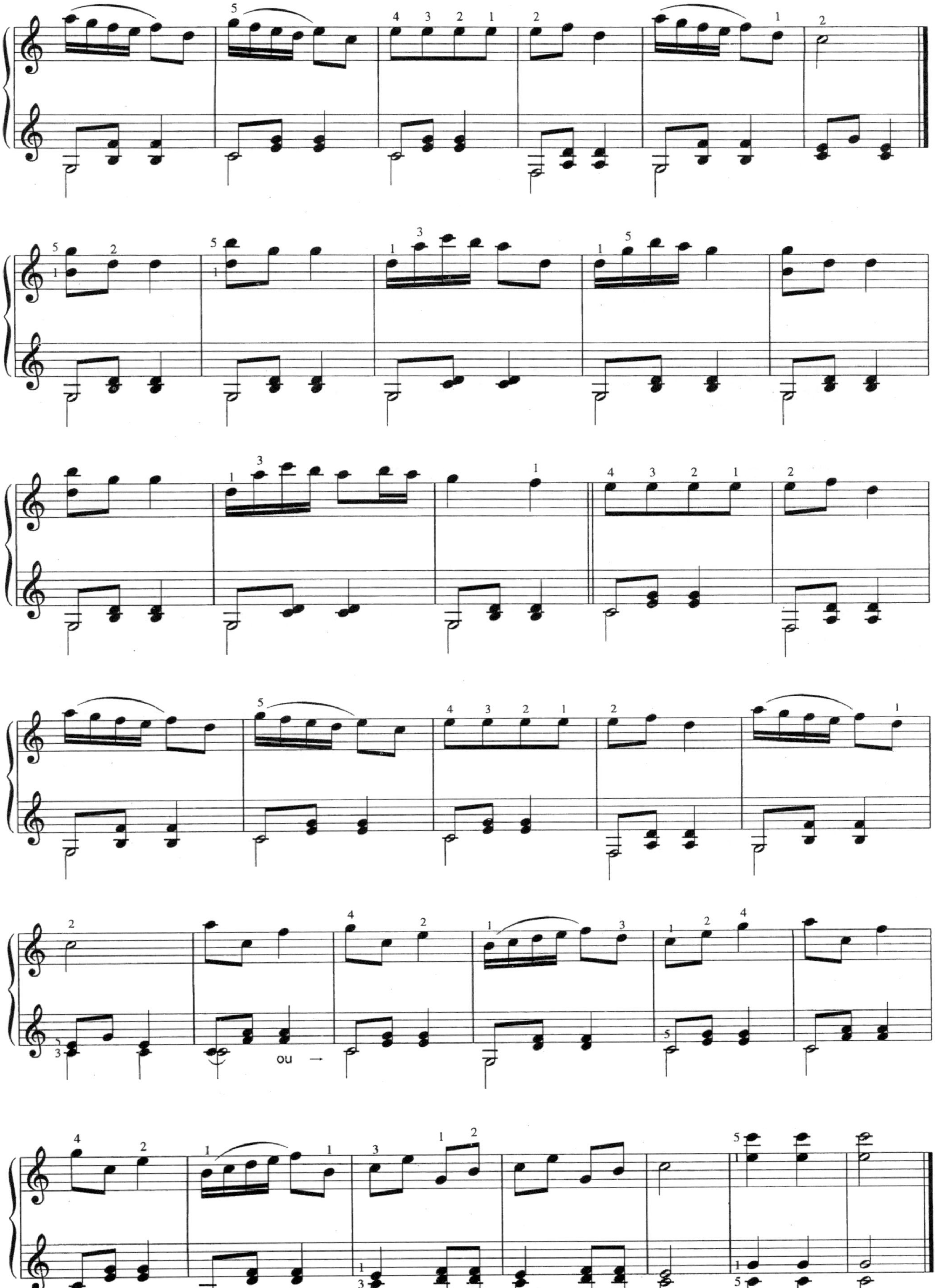
ou →

14ª LIÇÃO

NOVA NOTAS

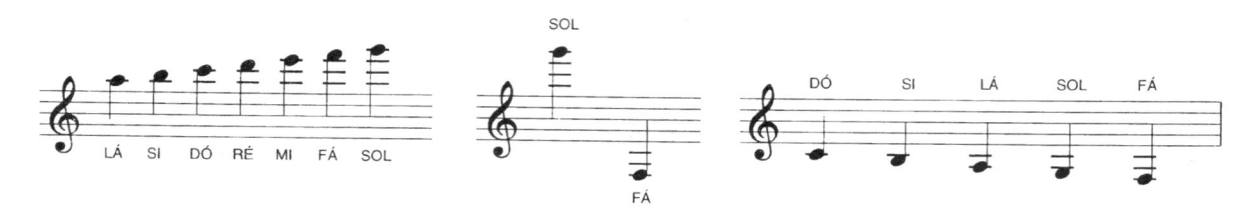

ALEGRIA DE BRINCAR

Passagens diversas em semicolcheias

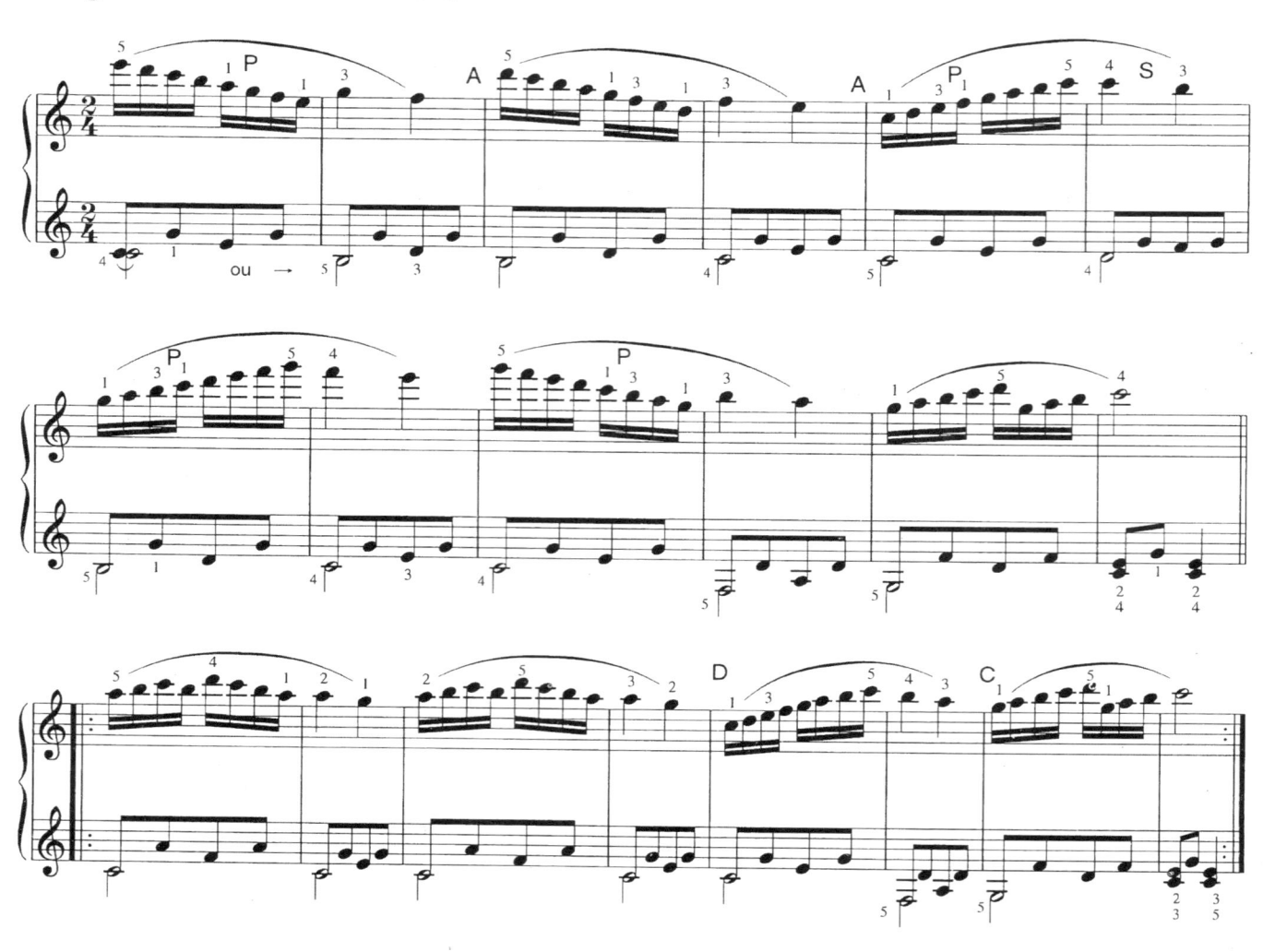

15ª LIÇÃO

Nova forma de passagem: Mão direita

Os silêncios ou pausas são sinais que indicam a suspensão momentânea do som.

Pausa equivalente à semibreve: ———. Durante a pausa, a mão deve estar em cima do teclado, pronta a tocar o seguinte.

AS PEQUENAS

16ª LIÇÃO

Termos de intensidade

mf = mezzo-forte - meio-forte f = forte - forte ff = fortissimo - fortíssimo

A pausa equivalente a mínima: ▬   ▬ + ▬ = ▬

D.C. - Da Capo (traduzido literalmente: Do Princípio) quer dizer que deve-se repetir do princípio até a palavra Fim

ARIA DE "DON JUAN"

Mudança de dedos em notas repetidas

W. A. Mozart

17ª LIÇÃO

A pausa equivalente à semínima:

O ponto aumenta às pausas e às notas a metade de seu valor.

Exercício para a mão direita.

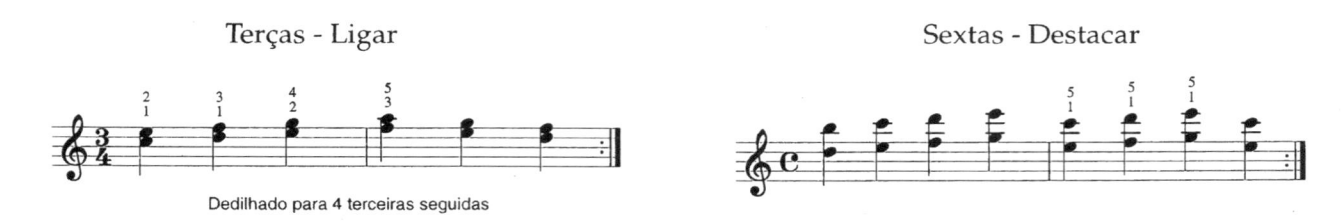

Terças - Ligar

Dedilhado para 4 terceiras seguidas

Sextas - Destacar

ELENA
Valsa

18ª LIÇÃO

Pausa equivalente a colcheia:

Exercício de passagem para a mão esquerda.

Ligar

GRACIOSA

p = piano - suavemente, debilmente

19ª LIÇÃO

Um ponto colocado acima ou abaixo da nota lhe tira a metade do valor, produzindo o efeito chamado "stacato"

Notação   Execução

O Acento > Notas Acentuadas.

A LIÇÃO DE DANÇA

(*) Obs. - Peça recreativa que pode ser tocada depois da 18ª lição: Branca, polca (nº 3 do "Repertório do Jovem Pianista de A. Schmoll. A seguir:

BRANCA
Polca

A. SCHMOLL Op. 50

20ª LIÇÃO

"Tons e Semitons"; Alterações; O Sustenido ♯ , O Bequadro ♮ .

Muitas pessoas pensam que a palavra TOM aplicada ao Piano, significa tecla branca, e a palavra semitom, tecla preta. Desta forma, cada oitava teria 7 tons e 5 semitons, quando assim não é. As palavras tom e semitom aplicam-se à distância que existe entre duas notas e não a uma nota só.

Duas notas estão á distância de um semitom, quando não há tecla intermediária (preta ou branca) entre as duas teclas que a representa.

Na escala de Dó, há pois 2 semitons; a saber; o Mi ao Fá e do Si ao Dó; mas entre Dó e Ré por exemplo a distância é de um tom, porque entre essas duas notas há uma tecla preta. Essa tecla preta divide, por assim dizer a distância de um tom existente Dó e Ré, em dois semitons, Dó - Dó ♯ e Dó ♯ - Ré, ou Dó - Ré ♭ ou Ré ♭ - Ré, de forma que do Dó à tecla preta e desta ao Ré há um semitom. Esta tecla preta está um semitom mais alto que o Dó e um semitom mais baixo que o Ré.

Correspondem portanto á dita tecla preta os sons Dó ♯ e Ré ♭, chamados "Enharmônicos" e deles trataremos oportunamente (Lição 90). Sucede o mesmo com os tons situados entre Ré e Mi - Fá e Sol - Sol e Lá - Lá e Si. Para alterar a nota de um semitom, coloca-se antes dela um sustenido (♯). Assim por exemplo colocando o sinal antes do Fá obtém-se Fá sustenido, cuja nota corresponde a tecla preta que está entre Fá e Sol. O Fá ♯ é a única nota sustenida de que se servirá o aluno na Primeira Parte deste Método. Na segunda Parte ele aprenderá as outras notas sustenidas e as notas abaixadas de um semitom. O efeito do sustenido começa no lugar onde se acha "e mantém-se até o fim do mesmo compasso". O Bequadro é um sinal que destrói o efeito do sustenido, isto é, repõe a nota ao seu primitivo estado natural. Colocado diante do Fá , indica que se deve tocar o Fá natural e não mais o Fá. O Bequadro só deveria ser colocado dentro do compasso em que aparecem sustenidos ou bemóis, mas o compositor às vezes os coloca também, um ou dois compassos adiante, para evitar que o pianista, levado pelo costume, possa tocar nota alterada com ♯ ou ♭ Chama-se isso "Alteração de precaução.

Colcheia pontuada

Notação diferente, mesmo efeito,

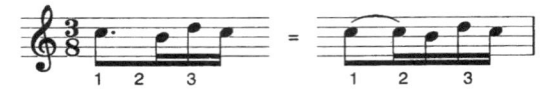

sustentar bem na 2ª parte as sem nimas pontuadas da mão esquerda.

ROSA DE ESTIO

(*) Peça recreativa que se pode tocar depois da 20ª lição: Primeira Sonatina de A. Schmoll; A seguir:

Primeira Sonatina

LE DÉBUT

Movimento Moderato

A. SCHMOLL
op. 61

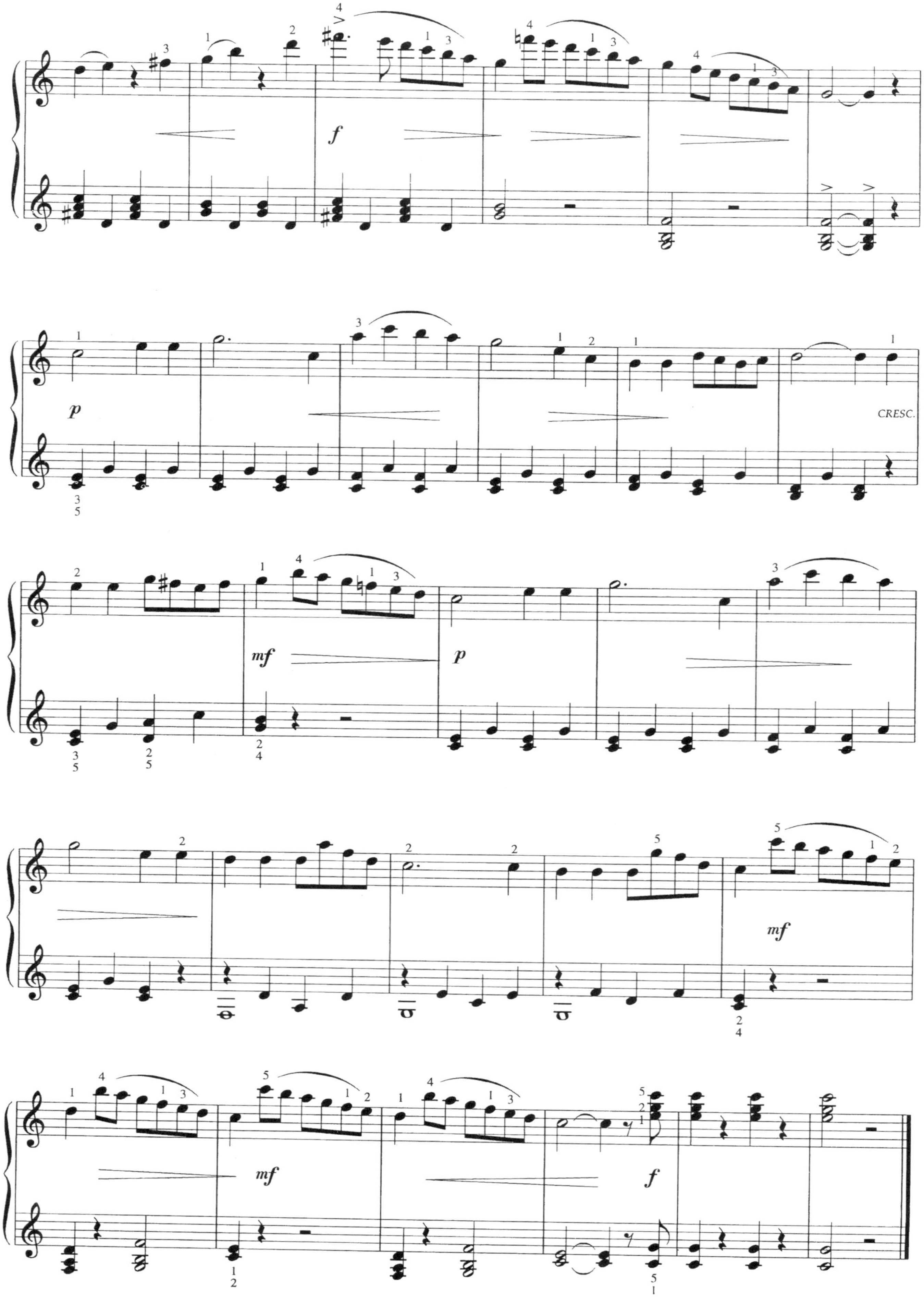
f
p
CRESC.
mf
p
mf
mf
f

EN PRIÈRE

Lentamente

A. SCHMOLL

LE RÉVEIL

Vivamente

A. SCHMOLL

37

21ª LIÇÃO

𝄾 = Pausa equivalente à semicolcheia

O ESBARRÃO

22ª LIÇÃO

Notações diferentes que produzem o mesmo efeito

BURLESCA

23ª LIÇÃO

Exercícios de passagem do polegar para a mão esquerda

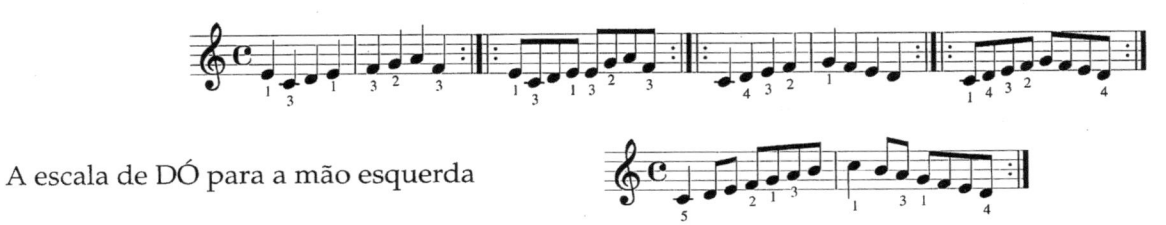

A escala de DÓ para a mão esquerda

NO MANANCIAL

Passagem de escalas para ambas as mãos

24ª LIÇÃO

Quando se marca o compasso se baixa o pé ou a mão nos "tempos fortes" e se levanta nos "tempos fracos". Por isso se chama "dar" ao forte e "levantar" ao fraco. Uma peça de música começa num tempo fraco, quando se inicia por uma fração de compasso que pode ser todo ou parte do último "tempo fraco". Esta fração também tem o nome de anacruza ou prótese.

LÄNDLER

Esta peça começa por tempo fraco ou seja, por uma fração de compasso

(*) Obs. - Peça recreativa que se pode tocar depois da 24ª lição: Ema, valsa (nº 4 do "Repertório do Jovem Pianista") de A. Schmoll. A seguir:

EMA
Valsa

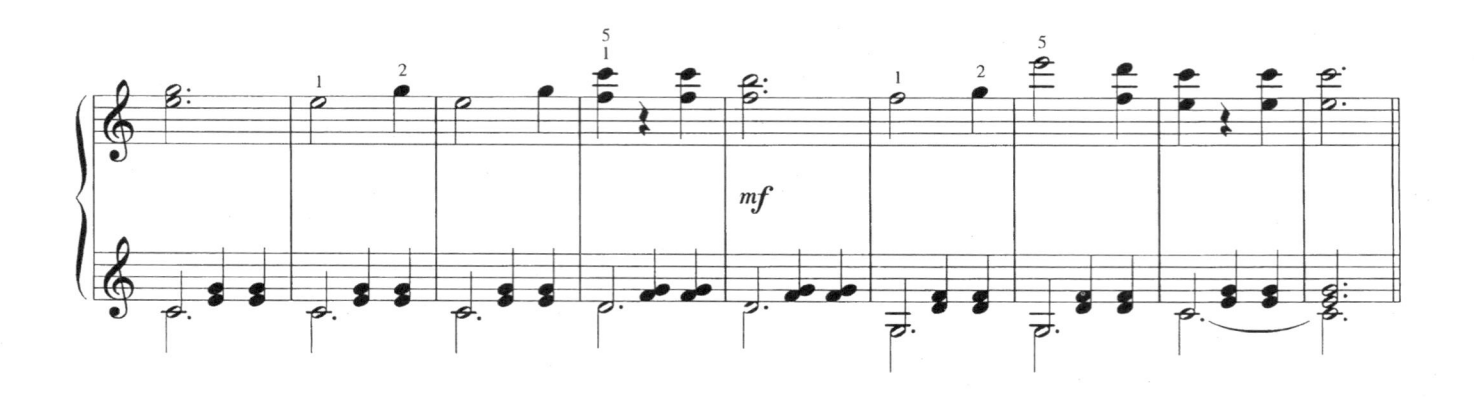

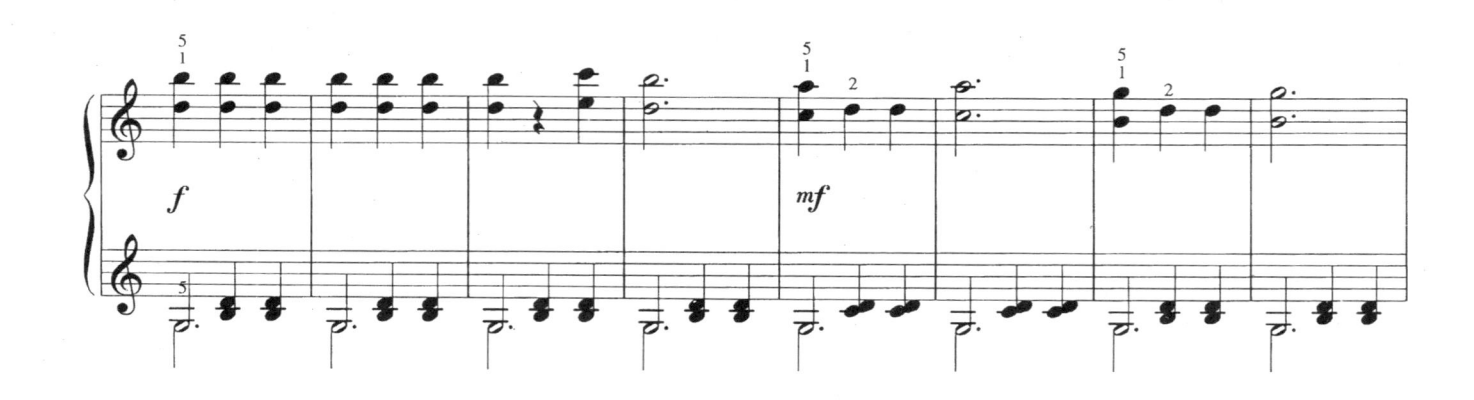

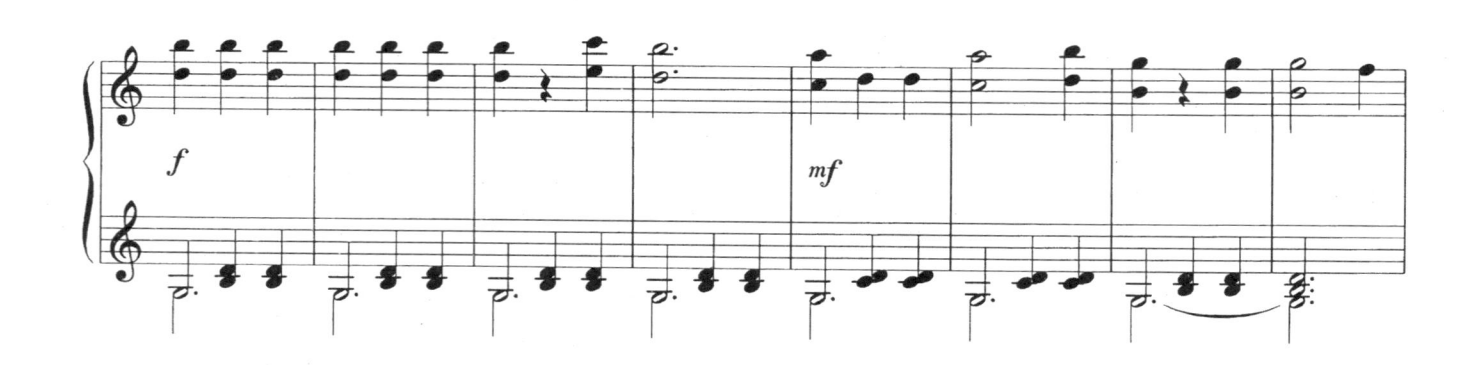

A. SCHMOLL Op. 50

25ª LIÇÃO

O compasso de seis por oito $\frac{6}{8}$

Tem dois tempos ou partes subdivididos em terços

Tempos fortes: 1 — — 4 — —
Tempos fracos: — 2 3 — 5 — 6

Dois compassos de $\frac{3}{8}$ ou um de $\frac{6}{8}$

Dedilhado de substituição 2   1 para a mão direita ou mudança de dedos em cada nota presa.
Do 2º dedo para o 1º.
Ao empregar este dedilhado (10º compasso), evite-se repetir a nota sobre a qual se opera a substituição.

O ROCIO

26ª LIÇÃO

Nas páginas 11 e 16 já explicamos a diferença que existe entre a **ligadura do fraseado** e a **ligadura do valor**. Advertimos agora que quando a ligadura abrange duas notas diferentes a primeira deve ser ligeiramente acentuada. Aqui estão alguns exercícios para praticar o chamado **jogo fraseado** em que tem sua principal aplicação estas ligaduras de duas notas diferentes. Tocar a primeira nota deixando cair o dedo com o peso da mão sobre a tecla. Logo se flexionará o punho até abaixo do teclado; a segunda tecla não será tocada por articulação do dedo mas pelo movimento do punho que, ao se levantar e levado para diante, fará com que o dedo correspondente afunde a tecla, fazendo-a tocar mais suavemente. Levantar depois a mão para agir na mesma forma no compasso seguinte.

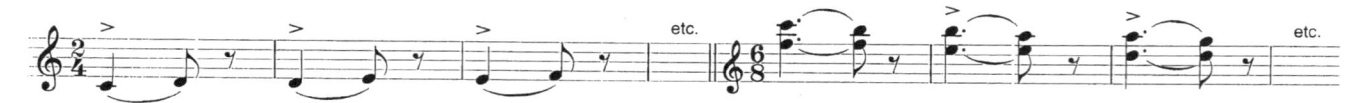

CONVERSAÇÃO

27ª LIÇÃO

Sinal para aumentar a intensidade ⟨   Sinal para diminuir a intensidade ⟩

Crescendo ou cresc. - aumentar a intensidade   Decrescendo ou decresc. - diminuir a intensidade

Diminuindo ou dim. - diminuir a intensidade

A PASTORINHA
Valsa

28ª LIÇÃO

Da Capo al Segno, ou volta ao sinal 𝄋 indica: começar outra vez no sinal 𝄋 precedente e continuar até encontrar a palavra FIM.

Dal Segno ou Al Segno (literalmente ao sinal) tem o mesmo significado.

As figuras de retorno são 𝄋 ⊕

A FLOR MAIS BELA

Movimento alternado das duas mãos.

29ª LIÇÃO

Acorde de 4 notas. Tocar as 4 notas destes acordes bem simultaneamente.

Exercícios para a mão esquerda

MELODIA SUÍÇA

30ª LIÇÃO

Mudança de dedos sobre notas duplas (S)

Exercícios para a mão direita

CANÇÃO DA INABIA

(*) Obs. - Peça recreativa que se pode tocar depois da 30ª lição: O Carteirozinho, Galope (do "Repertório do Jovem Pianista") de A. Schmoll. A seguir:

O CARTEIROZINHO
Galope

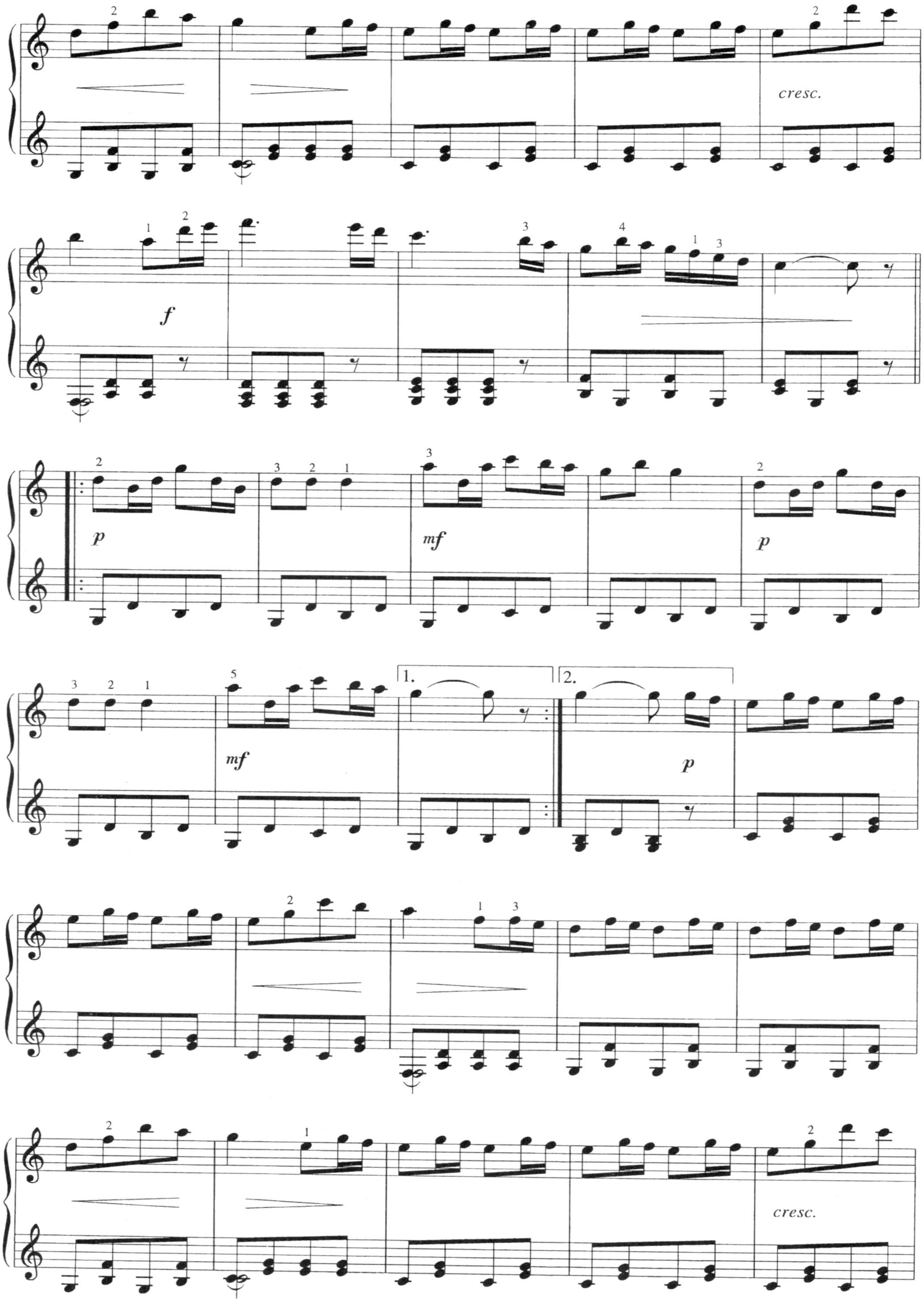
cresc.
f
p
mf
p
mf
1.
2.
p
cresc.

CONCLUSÃO DA PRIMEIRA PARTE

Chegando ao fim desta parte, recomendo ao aluno que proceda agora a uma repetição geral de todas as peças que estudou, porque, antes de continuar, deve saber tocá-las com desembaraço. Repassará, também, todas as explicações teóricas contidas em cada lição. Desta forma, tudo o que aprendeu até aqui se gravará profundamente em sua memória e virá a ser **sua propriedade intelectual**. Na segunda parte, o estudo será mais extenso. Todo o teclado será posto à sua disposição e fornecer-lhe-á múltiplas ocasiões de aperfeiçoar o mecanismo; o horizonte de seus conhecimentos teóricos também aumentará, na mesma proporção, e a Arte Musical terá para o aluno, cada dia, uma forma mais interessante.

EXERCÍCIOS

Para dar força, flexibilidade e independência aos dedos.

a) Estudar estes exercícios, primeiro com a mão esquerda, depois com a direita, e, uma vez dominados, com ambas.

b) Como nos primeiros exercícios da página 9, a mão esquerda executa estes uma oitava mais baixo do que estão escritos.

c) Será muito útil praticá-los nas formas de articulação já explicadas: "Legato" e Stacatto".

d) Uma vez que o aluno se sinta seguro na sua execução, será útil estudá-los com ambas as mãos, começando-os uma 8ª inferior do que estão escritos e praticando-os com progressão diatônica ascendente (v. Introdução á 5ª Parte) seguindo-se a sucessão natural dos tons e semitons (escala diatônica) na extensão de duas oitavas; assim aprenderá a mover a mão em todo o teclado.

e) Outro objetivo a ser alcançado será exercitar-se em conseguir diversas graduações de intensidade. Desta forma, o professor pode dar ao aluno uma série de problemas de sonoridade, segundo a capacidade do mesmo; por exemplo, variando o colorido; p mf f ff fazendo aumentos e diminuição $<$ $>$; executando f com uma mão e p com outra, etc.

LEITURA DO DEDILHADO

Posição natural da mão; olhar os números e não as teclas.

mão direita	1 2 3 4	5 3 4 2	5 4 3 2	1 3 2 4	3 1 2 4	3 5 4 2	5 3 2 4	1 3 4 2
mão esquerda	5 4 3 2	1 3 2 4	1 2 3 4	5 3 4 2	3 5 4 2	3 1 2 4	1 3 4 2	5 3 2 4
mão direita	1 3 5 3 2 1	2 4 5 4 3 2	3 1 3 5 4 3	4 2 3 4 2 5	5 3 5 3 2 1	4 2 5 4 3 2		
mão esquerda	5 3 1 3 4 5	4 2 1 2 3 4	3 5 3 1 2 3	2 4 3 2 4 1	1 3 1 3 4 5	2 4 1 2 3 4		